비의 물음표

서정문학대표시선 · 89

비의 물음표

초판 1쇄 발행 | 2024년 11월 29일

저 자 | 오상연

편　　집 | 디자인그룹 여우비
펴 낸 곳 | 도서출판 서정문학
펴 낸 이 | 차영미
주　　소 | 서울시 강동구 성안로31다길 8(천호동), 101호
전　　화 | 02-720-3266　FAX | 02-6442-7202
홈페이지 | http://cafe.daum.net/seojungmunhak
이 메 일 | sjmh11@hanmail.net
등　　록 | 2008. 3. 10 제324-2014-000060호

ISBN 979-11-91155-51-8 03810
정가 12,000원

© 오상연, 2024

*이 책 내용의 전부 또는 일부를 재사용하려면 반드시 저작권자와
　서정문학 양측의 동의를 받아야 합니다.
* 잘못된 책은 구입처에서 교환해 드립니다.

서정문학대표시선 · 89

비의 물음표

오상연 제3시집

서정문학

| 시인의 말 |

말라 누워 있는 풀더미에 내리던 눈은
풀의 키를 다 덮어 버렸어도

눈 속에 덮인 풀의 이름을
나 기억하는 것은

불어오는 바람이 눈을 쓸어가기 전에
아무도 몰래 쓴 당신의 이름이

내 마음 외로움에 빈자리를
가득 채웠기 때문입니다.

— 2024년 겨울이 오는 소리에 오상연

| 목차 |

5　　시인의 말

제1부
13　　느림의 미학
14　　대숲, 인생
16　　노전
18　　내일의 나
20　　깨어진 조각 다루기
22　　훗날
24　　퇴원
26　　지하철 입구에서
28　　손맛의 유산
30　　이별, 세 번의
32　　외로운 탱자나무
34　　오지를 꿈꾸며
36　　엇갈린 출구
37　　알람을 로스팅하다
38　　쑥덕거리는
39　　술의 나이
40　　선택적 고백
41　　비의 물음표
42　　봄을 방생하다
43　　방황
44　　멸치
45　　뚜껑의 안쪽
46　　밤비를 듣다
48　　모서리 먼지

제2부

53 폭주, 겁을 상실한
54 도둑달 사연
56 눈 안의 태풍
58 달려온 달길
60 노을 신호등
62 낚시의 비애
63 이울어진 마음
64 지퍼를 읽다
66 세월, 보내기 싫은
68 소리가 저 혼자 더 바쁘다
70 붕어빵 옆구리 터지는 소리
72 쓰라린 운명의 만남
74 열어 볼까, 귀를
75 오해를 달지 마라
76 어머니의 화투
77 산, 맥을 잃다
78 바람맞은 날
80 따듯한 수화
82 모란은 늙고
83 방랑자

제3부

- **87** 다툼
- **88** 어항을 인테리어 하다
- **90** 허탈한 기분을 접다
- **92** 모정 결핍
- **93** 이중인격자
- **94** 길 위의 거울
- **96** 외롭다 느낄 때
- **97** 황혼이 진다
- **98** 만만 바다
- **99** 어이없는 일
- **100** 첫 단추
- **102** 저울의 시간
- **104** 손가락 약속
- **106** 사랑합니다
- **107** 달아난 잠
- **108** 메아리 성묘
- **110** 눈물
- **111** 꿈이 사라진 자리
- **112** 날마다 장날
- **114** 그리움 줄타기
- **116** 늙어가는 갈비

제4부

119 있어야 해
120 혼, 흔들어 보자
122 탈피를 위한 시간
124 빠른 포기들
126 식빵의 구조
127 유리에 이마를 부딪친 새처럼
128 우연과 필연
129 본능에 걸려 넘어지다
130 불고 싶다, 풍선껌
132 명중이요
133 백일홍이 피었어
134 연을 날리는 이유
136 옆구리 집게
138 벚나무 계산법
140 시집가던 날
142 안개
144 하늘 낚시
146 무너진 봄
148 산꾼
150 겨울 스웨터를 뜨다
152 숨의 각도
154 다림질
156 너와 나

해설
160 순응과 모반 경계의 시어들 | 이훈식

제1부

낯선 길을 오래 걸어온 사람일수록

텅 빈 하늘을 보는 횟수가

많다고 하더군요

느림의 미학

욕망이 부치는 슬픔을 꾹꾹 눌려 참을 때가 있었지
나는 두꺼비 등을 보았거든
목 너머로 개구리를 넘기려다 소화 시키지 못 한 채
뽈록한 무거운 목을 들지 못해
자꾸만 고개를 땅으로 숙이데
두꺼비는 가지도 오지도 못하고
잡다한 생각으로 그 자리에 눈만 반짝이고 있었어
그 속을 내가 들어가 봤거든, 늘 방향은 반대였어
뛰던 개구리를 두꺼비가 덥석 입에 문 뒤로
긴가민가하던 기대를 나는 완전히 접고야 말았던 거지
속은 후련했지만 두꺼비는 눈치가 구단인 것을
나는 알았어
너는 내 눈치를 보고 푀르르륵 꽈르르륵 울기만 했어
뒤뚱거리며 가기는 가더라
느릿한 것,
또한 두꺼비의 세계에서는 어쩌면 미덕인 것을

대숲, 인생

사랑이 고갈되면 중년이 되는가?
중년이 되면 사랑이 고갈되는가?

입꼬리 올리며 바라보던 노을도
건져 올리지 않은 두레박처럼
우물에 떠 있는 달을 보며
그저 밋밋한 가슴앓이

설렘으로 날던 새
풍선의 꿈은 점점 몸집이 커지면서
소리를 안으로 가둔 대숲에 걸어둔다

참아온 말들이 너무나 많았기에
순간순간 불어오는 바람의 차이에서
먼 마을의 소문까지 엿들은 새의 귀는
이제야 황혼이 젖어 들었다 해야겠지

예쁜 후리야 치마를 입었다 해서
아직도 남아있는 열정이 있을 거 같아서
찾아가는 십 리 대숲에는

나를 닮은 얼굴들이
밑천이 고갈되는 얼굴빛으로
여기저기
몸집 굵은 대나무에 귀를 대고
한 시절 새파랗던
심장 소리를 듣고 있다

노전

해가 지는 오일장 천막 밑에
웃음이 가득 찬다

바짝 해 든 날 다 팔지 못한
채소는 덤이어서
장바구니 가볍다

생선가게 앞 비릿한 내음이
물에 씻겨져
맨홀 뚜껑 사이로 흘러든다

눈물 나는 사연도
파장에는 젖어 든다

지나가던 여인네들
들었다 놓았다 던진 산나물을
보자기를 싸는 할미 눈에는
원망의 4월이다

서글픔 한 줌도 보자기에 싸매고
다 이울어 버린 산나물

다음 장에는 삶아서 오리라

손톱 밑에 물들어진
초록 물이
난전 저녁
할미 마음 다독인다

내일의 나

가로등 켜진 전봇대를
나약한 주먹이 두드린다고 해서
하루의 그림자는 더 길어지지 않는다

당겨 덮는 이불이 깃털처럼 가벼운 건
오늘이 고단한 까닭일까?

뒤척뒤척 오지 않는 잠을 끌고 와
눈꺼풀에 포개어 보지만 말똥해지는 두 눈동자는
천장을 뚫어지게 바라본다

샹들리에는 진주처럼 맑았지만
나를 구원해 주지는 않았다

한 소쿠리 쏟아붓는 철쭉꽃 자리
편안하고 푹신한 꿈속이 나의 자리였던가

낯선 의미에 꼬리표를 떼어내지 못한 채
꿈속을 방황하며
내일의 설계를 머릿속으로 그려보지만

자아는 그만 도면을 놓치고 말았다

내일은 내일 생각하기로 하고
오늘은 저만치 밀쳐두기로 하자

느린 기차를 떠올리며 잠꼬대는
돌아올 기약 없는 여행을 떠나고

깨어진 조각 다루기

낯선 길을 오래 걸어온 사람일수록
텅 빈 하늘을 보는 횟수가
많다고 하더군요

가슴 가득 자리하고 있는 회한에
삽질해도 되는 뭉툭한 사랑은
언젠가 끝이 뭉개질 테죠

부서져 버린 것들을 모아보는
사금파리 무덤은 함부로 흩트릴 수 없는 균형
장갑을 끼지 않았던 손에는
붉은 피가 흐르기 마련이죠

이름조차도 기억에서 지워야 할 사람이
부질없는 희망에 걸터앉았다 해야 할까요

눈은 부릅뜨게 하는 매의 차가움에
혼자 남겨진 땅으로 뒹굴던 나
날개 펼친 그림자에 목젖이 쓰려오네요

풀쐐기에 쏘인 따끔함도

사금파리에 찔린 아픔도
통증이 살갗을 오랫동안 후벼판 자리

눈물이 연고인 줄로만 아는, 한 여인을
누가, 그만 울게 할 수 있을까요

훗날

무안의 무게는 얼마나 나가는지

죽은 봄의 물음에
환한 얼굴 들이밀 때
과연 나는 아직 살아있는 거, 맞나!

어디서는 죽어 있었던 것은 아닌지

야금야금 숫자를 뜯어먹고 살아가는
일이 급급하다가
축적해 놓은 것 없이 훌쩍 떠나야 하는 건 아닌지?

저절로 늘어나는 주름은
내가 안고 가야 할 몫
죽은 봄이 살아오듯
쓰러지고 쓰러졌던 작은 무릎도
이제야 묻은 흙먼지를 툴툴 턴다

새, 그냥 날아가면 될 것을
꼭 물똥 찍 갈기고 가야 하나!

쏙 들어간 아랫배에 힘을 주고
한층 더 가벼운 걸음으로
징검구름 위를 걷는다

퇴원

목 긴 티셔츠 속을
비집고 기어든 겨울이
동면으로 잔뜩 야윈 개구리처럼 빠져나간다

단단히 동여맨 코트 바늘구멍으로
들어오는 얄미운 얼음덩어리
녹아서 먼 강물로 달아나고 있다

수면 양말을 벗어 놓은 채
밤을 전깃줄 위에서 지새운 탓에
동상이 걸린 발가락
수술대 위에 메스로 살점을 잘라 내기로 했다

상처가 아물기도 전에는
오염된 땅으로 내려앉지 말라는
경고가 있었지만
피를 많이 흘린 탓에 생겨난 빈혈
작은 부리로 정신없이 배를 채워야 했다

뱃가죽이 등에서 떨어지고서야

하늘을 날기가 더 수월해진 비둘기

질퍽한 인생의 답을 넌 알고 있었던 건지
없는 발가락 하나쯤이야!
날개 끝 멀쩡한 비둘기는 지금
목이 긴 티셔츠를 벗고 갈아입는 나들이옷

지하철 입구에서

지하로 흘러든 감자의 넝쿨에서
계단이 올라온다
꼭 닮은 감자알처럼
어떤 이는 더욱 깊이 파고 들어가고
하나의 자루에서 와르르 쏟아지는
서울역 인파 속에는
주먹만 한 감자도 더러 있다
감자탕집 주인은
모두가 감자이기를 노리고 있는 듯
한 자루를 쏟아내고
또 한 자루를 토해낼 땐
삶겨져 나오는 감자의 뼈
감자가 아니라고 해도
손님들은 감자를 찾는다
강원도 어느 집
무쇠솥이 삶고 있는
살찐 감자의 냄새를 떠올리다가
찌든 얼굴과 화난 얼굴이
동시에 동그란 것은
헛말이 아니라는 사실
땅 밖으로 삐딱하게 솟구친

감자의 아린 맛을
아직 만나지 못했으니
감자를 감자로 볼 수밖에

손맛의 유산

달큼한 향기가 하늘 위로 올라간 뒤
붉은색 비와 노란색 비가
번갈아 빈 시골집 장독대를 적셨다

흙 속에 엄마가 묻히던 전날
바르르 떨며 잡아주던 손끝이
여기저기서 장마 지난 뒤 채송화처럼 보였다

배롱꽃 그늘 짙은 뒤란에서 데려온 덩치 큰 항아리를
나는 도시의 집으로 데려와 하얀 자갈 위에 앉혀 놓았다

하얀 무명천을 눈물로 적시고
결이 빛나게 문지르던 별밤의 항아리

그 깊은 단맛을 알면서도
하루살이가 바쁘다는 핑계로
항아리 안을 들여다보지 않았다

뚜껑을 열기엔
가슴 아픈 그리움 그 속에 묻힐까 봐

등껍질 딱딱한 둥근 뚜껑을 들 수가 없었다

바짝 말라 버린 포도 잎 하나 항아리 위에 터를 잡다가
바람의 힘으로 밀어내고서야
뚜껑을 열어 보았다

백 년을 너끈히 바닥을 지켜온 씨 간장

달 비친 하얀 곰팡이 속 거기에
엄마는 손맛을 남겨두신 거였다

이별, 세 번의

포트 안에 물이 끓는다

살가죽 쭈글쭈글
바싹 마른 몸매로 원을 돌며
노란 물을 토해낸다

고운 너에 비해
영혼을 이탈한 향기는
펄펄 끓는 뜨거운 물을 덮어쓰고서야
화들짝 놀란 모습이다

그제야 향기는 코를 간지럽게 만든다

목젖에서 감정이 정리되지 않아
눈으로 응시하다가
가을날 너를 만날 때
볕은 참 따사로웠지

너와 이별은
찻잔 위로 살포시 기어오르는

뭉게뭉게 한 송이 흰 꽃

목으로 넘기며 가슴으로 품는다

외로운 탱자나무

핏기 잃은 달이 탱자나무 가지 위로 걷는다

별들의 소곤거림이 적막을 깨듯
달에서 멀어진 우리는 언제쯤 집을 잘 찾아가려나

별이 눈 시리게 반짝일수록 내심 조바심이 난다

속 타는 마음만 하늘 위에 올려놓고
이슬이 내릴 때쯤 안도의 한숨으로
하루를 맞이하려 장독대로 간다

흰 곰팡이 걷어내고 간장 한 종지 뜨려다가
탱자나무 가시에 마음을 찔리고 말았다

쳐진 울타리에서 엄마의 냄새가 나는 건
나 아직 엄마를 그리워한다는 것이겠지

종지 속으로 코를 박고 킁킁 몇 번이나 냄새를 맡다가
내 자아는 결국 밥 한술 넘기지 못한 채
골목길을 걷다 울고 있다

카페 옆 냇가에 앉아 쭈그리고 울었던 눈물이
흐르는 냇가에 쏟아부어 놓은 보고 싶다는 말들

슬그머니 눈물을 닦는 탱자나무에 찔린 손을
불어난 물이 아리도록 씻겨주고 있다

오지를 꿈꾸며

물이 쏟아지는 풍경을 맛깔스레 훔쳐보다가

절벽을 평지처럼 누비는 산양들을 본다

단번에 허공을 꿀떡 삼킬 만큼 폭포는

산 중턱에서 면사포를 휘날리고

눈부신 태양을 손바닥으로 가리며

살아온 삶이 그럭저럭 당당했다 하더라도

숙연해지는 나는, 다급히 나무 그늘에 몸을 숨긴다

발톱에 낀 때 이끼에 문지르며

눈 속 먹이를 찾아 작은 발 옮겨간 자리

신이 배치해둔 포식자들 번뜩이는 동공에도

태연한 척, 한 치 앞이 낭떠러지여도

자석처럼 누비며 사는 네가 그저 부러울 뿐

엇갈린 출구

동대구역 10번 출구에선 기다림도 알맞게 구워진다

기어가던 바람도 멈춰 선 자리
리어커 위 군밤이 껍질을 벗는다

오매불망 달려왔던 기차는 떠났다

계단을 올라오는 두상들 그 틈새 거인은 보이지 않았다

기차가 지나간 평행선 그림자로 그저 바라보아야만 할까

일렁거리는 눈가가 촉촉하다

어둠이 내린 야간 간판 아래 쉬는 나방에게
외롭다는 말보다 보고 싶었단 말을 해볼까

번개가 뇌리를 스칠 때 달려간 출구
뒤늦게 알아 버린 3번 출구, 그림자도 보이지 않았다

이미 때는 늦었음을 나는 알고
걸어가야 할 신호등 파란불이 기다린다

알람을 로스팅하다

운두가 얕고 동글 납작한
그릇 속 늦잠꾸러기들은
볼 수 없는 해바라기가 있다
어둠을 밀쳐내고
붉게 기어오른 산능선
하루를 알람 하는 시계처럼
눌러놓지 않아도 약속이나 한 듯
어김없이 뜨고야 마는 두 눈
무엇을 담을까?
어떤 일로 웃을지 어떤 일로 슬플지
고민할 때쯤 풀어 헤친 머리카락
정갈하게 빗고 나서는 길은
시작된 마라톤 같았다
입장은 이미 하루의 시작
둥근 그릇 속으로 미끄러져 들어온
검고 윤기 나는 햇살은 어느새
내 얼굴 반쯤 가리고 섰다

걷는 길, 보무도 당당하게

쑥덕거리는

예보는 빗나가서 난데없이 내리는 비에
떡갈나무잎 엮어 우산으로 쓰고
잠시 비를 피했다

날씨가 맑음이라 밝은색에 옷을 선택했지만
흰 바짓가랑이에 튄 흙탕물이 나를 닮은
얼룩으로 남았다

지워지지 않는, 속수무책인
넓은 잎 머리에 쓰고 난 연못가 의자에 앉았다

연꽃에게도 내가 쓴 우산을 빌려줄까

벤치 둘레 수북이 자란 쑥을 발로 밟았더니
뒤따라오던 여인네들 쑥덕거림이
빗방울은 멈추었지만, 귀를 열게 한다

먼 길을 달려온 버스가
바짓가랑이 다 젖은 내가 올라탈 때까지
쑥덕쑥덕 공회전을 돌리고 있다

술의 나이

술은 대단한 기억력을 가졌다
숙성되어가는 중이라는 저 술은
헛먹은 나이에도
어김없이 흔드는 인생에 고갯짓
10년 전으로 태엽을 되돌려 놓는다
새벽에도 도돌이표를 찍고
소의 되새김은 삐걱거리는 의자
무게를 지탱하기 버거운지
자꾸만 뒤로 넘어간다
점점 수위 높아지는 목소리는
포장마차를 조각배로 둥둥 띄운다
술은 술잔 밖으로 자꾸 넘치려 들고
눈동자를 흰 동공으로 바꾸는 달은,
동트기 전
누군가 데리러 오기 전까지는
선 듯 일어설 생각을 버렸다

선택적 고백

뇌의 바퀴가 잘 돌지 않아서
두통이 온다, 두 알의 알약을 털어 넣지만
자판에 찍어 놓은 점은
파리가 남긴 배설물
파리를 쫓아내려 했던 파리채에서
나 문득 붉은 활자를 찾았어
알약은 결정적인 효과를 볼 수 없었어
동여맨 머리를 한 방 때려봤어
아프기만 하데, 그래도
느낌표 하나는 보태어졌어
흘러가던 글은 끊어지고
입력창에 마침표를 눌렸던 거야
해갈되지 않는 서정은 쩍쩍 갈라진 논바닥
무명천 찢어 질끈 이마 동여맨다고
목마름이 말끔히 사라질까!
시끄럽게 울던 매미를
쫓아내기 위해, 오염된 귀를 데리고
가야산 홍류동 계곡에 가서
단풍잎 떠내려오는 차가운 물에
깨끗하게 씻을 때가 된 거야

비의 물음표

투명 꽃이 서로의 등을 떠밀어
높은 곳에서 낮은 곳으로
비는 유리벽을 타고 주르륵 흐른다

와이퍼로 닦아내는 눈물은
앉았다 섰다 가라앉는 비
봄 처녀 가슴에 얼룩을 남겼다

어릴 적 목마를 탄 트로트 음악은
신나는 울림으로 귀를 호강시킨다

혼자 가는 길에서 방황하는 나를
동행해 줄 비를 만났으니
운치에 한 번 울고
인생은 별거 아니라고 한 번 더 운다

승용차 앞에 핀 비꽃에게
도돌이표로 묻는다

봄을 방생하다

잠결에
날아온 안녕이라는 단어를
날 선 파도를 불러 난도질하고 싶었어

그대 가슴속 오래 갇힌 낱말들을 꺼내어
꿈속 바다를 걷게 하고 싶었지

당신이 젖을 때 가장 먼저 나도 젖고 싶었지

당신이
그리움에 한숨 지을 때
서로의 눈으로 별을 헤아렸으면 했지

그러나 달맞이꽃이 나에게 온 건
봄이라 이름을 쓴 안개의 서신이었던 거지

봄꽃들이 이울어 갈 무렵
다 못 한 사랑일지라도 흰 종이배로
나 널
바다에 띄워 보내주기로 한다

방황

창밖 쑥국새는 자꾸 딸꾹질해서
어설픈 잠꼬대로 입술 적셔줄 머리맡 물그릇은
방황하는
꿈속의 호수가 되어갔다

바닥이 불안한 목선 한 척 둥둥 떠 있다

각이 진 모서리로
가끔 성급한 나를 깨우는 침대 옆 낯선 문자처럼
밤, 새 울음이 유리창을 두드려 댔다

머릿속에 거미줄처럼 자리 잡았던
부정과 긍정의 경계가
애달픈 심장 쑥국새만큼이나
문드러지고 또 문드러져서야,

봄밤을 걸어둔 벽에 못은
솟구쳐 올라, 다 붉은 꽃의 이름 부르고

멸치

마른 뼈와 살점에서 무얼 우려내겠다는 것인가
뜨거운 물에 기절시켰던 면발을 위해서
바다를 떠돌다가 햇살에 미라처럼 마른 몸
다시 냄비에 가두어져 우려지고 있다
밀려오는 물살에 파닥여 보겠다고
레이스 달린 치마를 입고 오색의 실타래 속
평행선을 거머쥐려던 나
실타래처럼 풀려나는 신들의 끝을 잡고
퉁퉁 불리고 있다
당신의 목구멍 속으로 넘어간 국수가
출렁거리며 소화되기를 꿈꿀 때
남은 면발에 한 번 더 우려지는 육수는
무딘 칼을 쥐고도 덤벙덤벙 호박을 썰던
어머니의 무명 치마폭을 닮아가고 있다
개업을 알리는 국숫집 LED 간판 불빛 앞에서
눈 동그랗게 뜬 멸치 한 마리
가슴뼈에 걸려 넘어가지 않던 노을을 삼키고 있다

뚜껑의 안쪽

숨이 뽀글거리던 몇 날 며칠
탈탈 털리듯 입구를 빠져나와
도움 닫기 하듯 혀를 누르고
목구멍 속으로 사라진다

깡통 속은 깜깜해져서 잊고 있던
내 이름을 불러야 했다

밀폐된 세상 밖을 더듬을 수 없던
새댁의 핑계에
가장 먼저 달려든 것은 하루살이

어지러운 눈앞의 현실에 쥔 젓가락을 내려놓은
노친네는 파리채를 들고 청포도가
떠난 하늘을 후려친다

흥건해진 몸을 통속에 다시 가두려 할 때
나 다시 옛 이름을 불러본다

밤비를 듣다

바람 소리에 간간 섞여 있는 혼령들의 숨소리 눅눅하게
긴 골목 안을 바람이 쓸고 지나칠 때
어머니의 옛날이야기는 금방이라도 귀신이 나올 거 같아
등골까지 오싹하게 했다

긴 밤은 틈니 속으로 빠져나오고 유령은 이불속
남매 머리를 벅벅 끓어대고
그래도 마지막 엄마의 목소리는 다정한 자장가였다

풋잠이 꿀잠에 이마를 대면 생겨나는 그리움
파도처럼 밀려오는
밤의 미련한 전주곡 나 다시 듣고 싶은 오늘이다

윙윙거리는 꿀벌처럼 날개로 비비는 육신이 되어
그리움이 떠난 나를 불러 앉히고
난 드디어 자유를 선언하였다
텅! 빈방 안에서 자유는 늘 불안한 떨림이었던 것

늦은 밤 새우처럼 웅크린 육신의 등줄기가 아프다
허연 새벽이 창문에 다가와 앉을 때 창문에 어른거리는
그림자는 누굴까? 옛이야기 아직 다 못하고 간

엄마의 그림자인가

오는 잠을 쫓지 못해 다 듣지 못한 이야기가
구름 덩어리로 떠서 마른 대지 같은
내 맘에 밤비를 뿌린다

모서리 먼지

비가 안개꽃으로 창문을 때릴 때
창문은 비를 달래주고 있다

행여 누가 나와 볼 거라는 착각에 비는
더 세게 유리창을 때린다
아무도 없는 저 너머의 답을 끝내 듣지 못했다

덩달아 말끔히 씻긴 창문은
더 다가와 달라며 비를 노려본다

커피 한 잔을 마시며
누구에 편도 들어줄 용기가 나지 않아
난 싸움을 말리지 않았다

정녕 그 싸움은 해가 반짝 나고
비는 항복을 하고 물러선다 해도
빗물에 말끔히 씻기지 않는 모서리는 남아
구름 낀 하늘을 응시할 거야

다시 도전장을 내밀어 보라고 창문은

투명한 눈으로 반짝거린다

구석에 몰린 이상 기氣 싸움이다
오랫동안 끝이 나지 않을

제2부

가슴속 한 귀퉁이에

화석처럼 머물고 있었던 추억은

더디게 가는 시계다

폭주, 겁을 상실한

단단하게 차려입은 검은색 가죽 잠바
자크는 목울대까지 잠겨지고

겁을 이탈한 집 한 채가 줄 서 달린다

소음에 시달린 바람은 나동그라지며
길가 여린 풀들에 머리 빗겨주고 간다

기계로 찍어 낸 강화 플라스틱 머리 문양
들리지 않는 소리는 빛의 속도다

젊음이 좋긴 좋아 보이나,
무서움을 앞세운 아슬아슬한 곡예는
고갯길에 이르러 납작 엎드리다가
평지를 만나면 또다시 몸 곤추세운다

질주의 부~앙 울음소리는 하늘에 닿아
노을빛 동아줄을 올가미로 당긴다

도둑달 사연

구들장에 납작이 엎드려
눅눅하던 몸을 데운다

고단했던 육신은
가슴을 군불 지핀 달에 매달고
북두칠성 걸린 하늘에서
서늘하게 녹아내린다

내 걸음과 보폭을 함께 하다가
강물 속으로 들어
졸린 눈을 깜빡일 때

눈가에 번지는 눈물에
빛나던 작은 별들도
질끈 감은 눈가에서 거룻배로 묶인다

잠을 이루지 못해
뒤적이는 서랍 속 사연에
영문 모를 눈물은 바닥으로 치고

돌아서던 도둑달

어깨의 출렁거림이
담장을 막 넘어서더라

눈 안의 태풍

고작 모래 속으로 스며들 걸
파도는 왜 자꾸 밀려오는가?

거품을 입에 문 밀물이 훑고 지나가는 숲에서도
모래 위 나만 아는 이정표를 싹 지워버린
얄미운 파도 앞에서도

수평선 위를 걸어가는 뱃사람들
얼굴을 보고 점을 치는가,
높다란 파도에
위태한 생명을 걸고 당기는 그물

삶의 소소한 슬픔이 건져 올라올 때
미소는 파도를 탄다 숲에서 울던 태풍은
새의 불안을 먹고
모든 걸 단숨에 휩쓸고 가겠지 숲은 누웠다 일어섰다
또 방황을 하겠지

짧은 민소매 옷을 입을 땐 한없이
젖을 수밖에 없다는 걸 예감한 직후
태풍이라는 새는 명찰을 달고,

누운 바다를 일으켜 세운 뒤에야

오랜 체증으로 막혀 있던 등을 후려친다
어차피 다시 숲으로 올 거면서,
떠났던 날들을 후회라도 하는 듯

내 몸, 숲의 나무들은 일제히 철썩거린다

달려온 달길

노을 품어 일렁거리는 윤슬이
급히 도달하느라, 호흡 가쁜 길의 바짓단을
검은 개울 앞에서 걷어 올리고 있다

뼈로 둘러싼 껍질의 안쪽
흰자위로 같은 둘레를 더 벗겨야
삶은 고소함에 씹힐 달걀
혀는 변두리에서 중심을 향하는가

씹고 씹어도 그 맛은 씁쓸한 맛
풀에 신분을 세탁하여
스스로 야생화라 스스로 칭할 수 없는
달맞이꽃들 즐비한 개울가에서는
밤바람마저도 낮은 허리로 온몸을 비틀고 있다

천년을 약속이라도 한 듯
뛰어 달려오는 사람 잠시 멈춰 세우는 냇물
인형의 얼굴을 한 앞집 반려견도
천수를 누리고자 운동을 나왔나 보다

땀이 범벅인 별들이 건져 올리는

물에 비추어진 얼굴에서는
껍질 벗는 소리로 알들이 요란하다

벌겋게 달군 프라이팬에
징검돌 언저리 여울목 같은 기름띠를 두른 채
허기진 길을 굽고 있다

노을 신호등

빌딩 옥상에 걸려
아찔하게 달아오른 노을을 본다

한참이나 쳐들었던 목덜미는 뻣뻣하다
북쪽으로 가려나 서쪽으로 기울어지려나

치마폭 넓은 내게로 오려나, 궁금증이 풀리지 않아
다시 쳐든 목은 디스크 통증이 휘감기고

아 나는 해를 따라 움직이다가
자꾸만 많아지는 숫자를 만들어내고 있구나

노을 따라가는 나 왠지 서글프다

문자의 숫자에 걸려 멍든 무릎
손바닥으로 쓰다듬어주지만
쓰라린 무릎 통증은 갈수록 늘어나는
늙은 어느 행성의 아픔일까

무지개 펼쳐진 하늘을 걷는
예행 연습 중에 만난 게, 오늘의 노을이라면

어둠의 이빨에 뜯어지는 노을 너머에는
터벅터벅 걸어서라도 찾아가야 할
내일의 집에는 아늑한 등불이
나를 기다리고 있을 테지

달은 고봉밥처럼 부풀어 오르고

낚시의 비애

겹겹의 물살들이 수평선을 끝없이 떠밀어도
등만 내어 줄 뿐, 말이 없다

도대체 알 수 없는
바다의 속내는 어쩌다가 엄마를 꼭 닮은 것인지

방파제 끝에 선 낚시꾼은 달빛에 몸을 섞어
춤추는 바다를 낚겠다고 세월을 낚고 있다가
정신 빠진 새벽이 번개처럼 올 줄이야

외롭다 말하지 못해 아프다는 말을
동의어로 펼쳐놓는
캄캄해서 자유로운 바다

무심한 시간 속에서 나도
당신에게 포말로 다가가 칭얼대다 돌아올까

이울어진 마음

짓이겨 얻은 진액에서 꽃을 보진 못하지만
애써 눈앞에 두고 보면
마음 바닥, 향기와 연분홍 물이 고인다

상처받기 위해 사랑을 하는 것이 아니라
사랑하기 위해서는 상처가 필요하다

혀처럼 삶이 묶어져 있어도
사랑은 시간의 틈새를 빠져나간다

진액을 남기려 짓이겨진 꽃잎도
사랑하는 사람에게는 언제나
다시 사랑할 기회는 남겨 둬야 한다

삶은 무엇을 손에 쥐고 있는가가 아니라
누가 곁에 있는가에
나의 운명은 고갈되지 않는다

지퍼를 읽다

털 흰 오리는 박제처럼 움직임이 없다

노란 모자를 눌러쓴 나는
종일 그 앞에 앉았다 일어섰다
혼자 부산한 새의 외발 자세가
1cm의 가능성을 얼마나 높여 줄까
골치가 아파 쳐다보지 않았을 때 너는
스스로 어둠 속에 묻혀있기도 했지
야물게 닫긴 울타리 문을 열어 주어야,
슬슬 기어나오는 자음과 모음
내 너를 소중하게 다루는 데는
다 그만저만한 이유가 있지
놀라 터트린 울음은 여간 요란한 게 아니지
모이를 주면 술술 나오는가 싶었는데
기어들어 가면 꼼짝도 하지 않는
말라비틀어져 회전되지 않는 뇌
잘못 찍은 점 하나가 우울증을 불러오기 전에
주술에 걸린 물갈퀴 너를 데리고
내일의 점괘占卦 보러 연못에 가지
물살을 건반처럼 밟으며

찐빵집 낡은 계단을 신나게 오르지

알로 발효된 반죽은 동글동글
세상이 추울수록 더 잘 김이 오르고

세월, 보내기 싫은

시침과 분침이 마주할 때
밋밋하게 지나치고 있다는 게
한때 네겐 불평인 적 있었다

초침이 흐를 때는 째깍째깍 소리가 나야지
한쪽으로만 움직여야 한다는 생각에
굳어버린 둥근 달의 태엽

무슨 일이래?

멈춰 선 달을 들여다보다가 방향을 이탈하고 싶었다

손목시계 케이스의 뒤태를 열어보다가
먹고 있던 약이 떨어졌을 때처럼
와르르 쏟고 잃어버린 톱니 기어들

병원으로 달려가 두 개의 알약을 샀다
물티슈로 입을 닦고
새로운 알약을 털어 넣어주었더니
째깍째깍 제소리를 찾은 듯

다시 구르는 초침과 분침

차라리 멈추었을 때 그냥 두었더라면
내 나이도 빨리 먹지 않을 수 있었을까?

늘 호기심이 많았던 만큼
오늘은 푸념을 해부하겠다고 늘어놓는다

소리가 저 혼자 더 바쁘다

어두운 밤 빗소리는 발목에 고랑을 차고
귓전으로 걸어와
사각에 둥지로 몸을 구겨 넣기에
바쁠 즈음 달아나 버렸다

걸어가는 발소리에 동그란 눈동자는
초점을 맞추기에 급급하다
우당 탕탕 의자가 넘기고 갔나?
유난히 크다, 네 발소리는

까르륵 웃는 소리가 천장 모서리에서
삶아 먹은 기차 화통처럼 크게 들리는 소음들
귓구멍 틀어막아 보지만 잠을 잔 건지 꿈을 꾼 건지

내심 의아해지는 지나간 밤이었다

화들짝 이불을 밀치고 몸을 일으키지만
수면이 부족했던 탓에
창밖 해바라기도 따라서 늘어지는 육신

비치는 햇살이 마당 입구로 들어설 때

등교하는 아이들의 발소리는
그나마 먹먹한 내 귀를 열어준
참한 명랑이다

붕어빵 옆구리 터지는 소리

시를 좋아하지 못하는 이는
참사랑을 느끼지 못한다나
그럼 사랑도 추위를 타는 거야?
냇가 얼음이 꽁꽁 언다고
밑바닥까지 다 얼지 않으니
어쩜 꺽지도 살아 헤엄치고 다닐지도 몰라
버드나무가 쉬는 숨이
물속 뿌리로 퍼 나르는지
잔뿌리 아래 겨울을 나는 고기에
몸은 움직일 수 없어도
고요함과 평화를 가져다주는 겨울은
붕어와 입술을 닮은 아이에게
삶의 묘미를 가르쳐 주는 것이지
서로가 서로에 입술을 깨물고
까르르 웃었던 그런 날도 있었기에
달콤한 팥고물 든 붕어빵을
난 아직도 좋아하는 것이지
옆구리를 앞니로 깨무는 순간
손등으로 주르르 흐르는 단물
있을 땐 모르고 지나다

떠난 후, 그게 사랑인 줄 아니까
참 우습다, 할 수밖에

쓰라린 운명의 만남

목련은 담장 너머로 쓰라린 운명과 만나고

꽃잎은 나른함에 취해 더 바글거린다

춘곤증을 몰고 온 봄이니까

살이 오른 진달래도 꽁지로 나팔 분다

햇살의 단물을 벌컥벌컥 삼킨다

먼 산 위에서 내게로 돌려주는 몸짓

잔설에 찍혀있었던 노루 발자국에

뜨거운 인두를 내려놓은 엄마는 어디쯤 가고 있으려나

기억 속에 붉은 속살을 건드려보지만

쉽사리 풀어 놓지 않는 본심은 얼마나 다행인 건지

가슴 과녁에 햇살은 자꾸 비수로 꽂히고

숨겨진 상념은 걷어낼수록 너덜해진다

누군가 밟으면 미끄러트릴 육신을

산 아래 구릉으로 가만히 구겨 넣는다

열어 볼까, 귀를

긴 골목길 끝에 서서
둥근 태반처럼 떠 있는 낮달,
흰 미소에 눈이 멀었죠

그날, 꽃피는 소리 들으려던
귀의 잘못인 거죠

돌아앉아 돌부처가 되어도
세월이 가도, 지워지지 않은 건
기어오르는 일에 똥줄이 타는
박 넝쿨이 피운 그리움인가요

그저 부끄럽기만 해서
그냥 멍하니
멍든 하늘만 보고 걷다가
튀어나온 돌부리에 걸려 넘어지고 보니
영산홍 품속인 것을요

봄 구경에 길을 나섰다가
참 진한 흔들림을 귀로 맛본 것이지요

오해를 달지 마라

행성을 곁돌고 있는 우리는
떨리는 추를 내려놓고,
흔들리는 감정을 숨겨야 하지

엎어지고 뒤집어지는 오차의 범위는 부동不動

무겁던 너와 나의 무게를 버린다는 것은,
씁쓸 그 자체다

한쪽이 기울어져야
진실은 오선지 안에 들어올 수 있으니, 말이야

뒤집힌 감정을 달지 않아도 될 저울은 늘 혼자 흔들고 있지

날개 없이 하늘을 나는 새로, 사라질 거품들

1미리에 차이를 둔 동전 앞과 뒤의 관계에서
서로의 무게를 저울질하지는 말아야지

어머니의 화투

동네 좁은 골목길로 굴러든 차들은
길옆 접어 넣을 자리를 찾는다

넓은 들판에 목단이 웃고 있다
5월에 웃던 목단은 한 장의 그림으로
다리 사이에 숨겨지고

6월에 우산을 쓴 비광은
창포물에 감은 생머리 바람에 흔들리는 날
쩔렁거리는 동전 쌈지 들고 올
낯익은 손님을 기다리는가

오라, 오라 손짓하는 건
내 고향길 산수유꽃들
그나마 일찍 핀 그들이 반겨주니
붉은 팔광은 쉬이 떠오른다

산, 맥을 잃다

네 개의 터널이 뚫린 산은
그저 둥그런 눈만 열어놓고 있다

벌린 입속으로 들어왔다 나가는
바람과 먼지에도
칭칭 동여매고 있는 동강 난 허리
칡꽃은 피었다 지고, 또 피어났다

어디에서도 볼 수 없는 허세 속 발파음에
놀란 다람쥐는 잽싸게 피해 달아났지만

그 자리가 자기 무덤이라는 걸
이미 알아버린 뱀들은 허리 뎅강 잘리고

몸 여기저기 뚫린 채 병실에 누운
실어증 걸린 중환자의 몸뚱이다

바람맞은 날

첫날인 거처럼 마지막 날인 거처럼
그리워하던 누군가를 만날 때에는
첫발과 마지막 발에 차이를 두지 않기로 했어

오래 갈망하여 그리워했던 사람일수록
약속한 그 날은 밝았을 것이고 또 어두워질 테고

날씨 따위는 핑계일 뿐이니 다 내려놓고서야
가슴 떨리는 파장은 온전한 내 몫이 되었어

시간이 너에게 소중한 만큼
내가 타고 달리는 기차 또한
그 시간에 도착해야 할 여지가 있는 거지

종착역은 어마 무시한 무덤일 수도 있었던 거지

뇌는 정지 상태일지라도
그 무덤의 사랑 벽에는 공작새가 여우로 변해
나를 지켜주려 남겨져 있는 벽화일 수도 있어

주작 현무 백호 청룡 핑계 없는 속설을 두고

나 그냥 웃지

더 이상 속고 싶지 않은 기분의 나는
내가 파 둔 핑계의 무덤을 속속들이

이제야 알게 되는 거지

따듯한 수화

가슴속 한 귀퉁이에
화석처럼 머물고 있었던 추억은
더디게 가는 시계다

내내 들춰내는 쓰라림이
바람으로 싣고 온 약속들은
또 한 계절을 스산하게 쓸고 간다

너무 빠른 막바지 가을 앞에
바바리 깃 세워
작은 바람을 귀밑에 감추고
두 손은 호주머니 속에 찔러 넣는다

딸랑거리는 동전 두 개
맞부딪치며 서성이는 골목에
떠나지 못하고 있던 바람이
컹컹 짖으며 달려든다

잎 다 떨어지고 남은 몇 잎
앙상한 가지가
노을빛 고운 하늘을 휘휘 저어

차가워진 손에
솜사탕을 쥐어준다

모란은 늙고

이슬이 모란을 향해
살포시 웃어주는 건 잠시였다

아침 햇살이 비치기 시작하면서
너풀거리는 잎들끼리
서로를 포개며 꽃술을 감추기 바빴다
부귀영화도 꿈꾼 것도 아닌데
큰 눈망울 모란은 자꾸 익숙해지고
자식 복을 꿈꾼 것도 아니었는데
꽃이 다녀간 자리
별 같은 씨방은 까맣게 걸러졌다
진한 향기를 느낀 것도 아닌데
입술이 지칠 때까지
그만둘 수 없다는
벌과 나비의 희롱을 그리워하며
해마다 그 자리에
그렇게 피었다 진다

모란은 모란으로 늙어가고 있다

방랑자

호수를 타고 건너올 단풍 빛깔 배 한 척
삿갓 쓴 당신께 드립니다

언제라도 노 저어 다가올 수 있게
물길을 터놓았습니다

호숫가 들국화로 쓰는 서신은
향기로 일렁이는 수면입니다

바싹 말라 볼품없을 때 말고
활짝 피어 고운 모습일 때
주저하지 말고 다가올 그대를 기다립니다

뱃전에 앉은 그대가
저만치서 기다리는 나를 보았다면
이젠 흰 손수건 꺼내어
깃발처럼 흔들어 줄 때입니다

제3부

산달 앞둔 여자의 젖줄이 되려고
간밤 진통의 바다는 그렇게
비틀거렸나 보다

다툼

햇살이 달군 바위를 손톱으로 갉아먹겠다고
기세가 등등한 강쇠바람

정돈된 살림살이 어지럽혀 놓을 게 뻔하다

방파제에 이르러 더 요란한 파도는
떼 지어 몰려오는 원망으로
마루 끝에 벌건 눈알로 앉은 남자
소주잔을 기울이게 한다

안줏거리인 노가리를 화풀이 삼아
갈가리 찢고야, 해가 반짝 드는 바다는
언제 그랬냐는 듯이 조용하다

물미역 줄기가 되어버린 여자에게
돌멩이로 얻어맞은 듯
남자의 모서리는 깨지고
갯바위 아래 납작 엎드린다

산달 앞둔 여자의 젖줄이 되려고
간밤 진통의 바다는 그렇게
비틀거렸나 보다

어항을 인테리어 하다

여우비에 말갛게 씻긴 산자락을 보다가
어느 까마득한 옛날 저 산은
혹시 바다 물속에서
일렁거렸겠다는, 생각이 든다

산호가 피고 진달래도 피었겠지

화석에서 나온 물고기 이름을 부르다가
바위에 포자가 내리는
번식 중인 버섯의 살점을 삼킨 물고기들은
모두 날씬했을 수도 있겠다

저녁에 지는 해는 자꾸 나를 따라오고
내 지느러미는 닳아서 너덜거리는데

이쪽 구름에서 저쪽 구름으로
단숨에 건너뛸 수 없는 구름 속으로
내 상상은 물을 채우기 급급이다

공기 방울 뽀글거리는 산소 유입기

마지막으로 넣어주는 일로

물 밖에 산은 이제, 산이 아니다

허탈한 기분을 접다

빨간 목티셔츠 속으로 머리통을 재빨리 끼워 넣는다

화장대에 앉아 분홍 립스틱 입술을 찍으면
조금은 젊어지려나!
뾰족구두까지 챙겨 신고
약속 없는 약속 장소로 나간다

둘이 앉아도 될 벤치는 허상으로 앉아 있고
빨간 티 입은 중년의 여자는
누구를 기다리기라도 한 듯
연신 머금은 미소로 입꼬리를 세운다

마음을 헝클어버린다 해도
바람은 잠잠한 오늘인데
기대는 옆구리를 살짝 찔러주질 않았다

곁눈질로 보던 한 남자가 곁에 앉는다
설레던 가슴은 순간 쿵! 내려앉았다

아니 근데 이 남자

애인에게 보고 싶다 전화를 하는 게 아닌가

잠시 맡아본 남자의 냄새에 알종아리는
울퉁불퉁한 길을 투덜투덜 걷는다

모정 결핍

못생긴 가시가 손톱 밖으로 가늘게 섰다

이로 물어뜯다가 살점이 따라와 피가 난다

조금 파인 상처치곤 많이 아프다

도구를 사용해야 하나 습관처럼 먼저 간 입
아마도 뱃속 양수에 둥둥 떠 있었을 적
생겨난 습관은 아닐까

손 거스러미가 일어날 때면 엄마가
그립다, 손가락은 빨지 않았지만

모데라토와 아다지오의 중간 속도를 걷는
두 손아귀에 리듬은
늘 사분의 사박자 쿵 짝인데, 말이야

이중인격자

나를 들여다보는 그대 마음에도
잡다한 생각과 복잡한 마음 바글거리고 있을 테죠

이리 튀고 저리 튀는 마음은
천 갈래, 만 갈래인 걸요

난 늘 망원경으로 확연한 갈비뼈 그대를 보아왔더랬는데
그대는 현미경을 가지고 노네요

어두운 동그라미 속 훑고 지나가는 쇳덩어리 안쪽
작은 유리로도 생경한 내 원망까지도 보이나요

어느새 내 망원경은 동전이 바닥나
눈앞이 깜깜해진 걸요

네가 떼어준 살점 하나로 내 전부를 다 알아버린 당신은
허리 굽은 산등선에 어둠이 내려앉을 때

나를 연화 좌대 위에 가두려나 봐요

길 위의 거울

앙상하게 말라 있던 가지에 물이 오르자

산에서 잠 깬 두꺼비들
물 냄새 찾아 연못으로 내려온다

고목나무 위에 봄이 머물고 있음이야
부는 바람이 그다지 매섭지 않는 건
담장 아래 채송화도 흙을 밀고 있어

옷차림은 무거워도 걸음은 날렵해야 하지
뒤따라오는 할미 느리기만 한 걸음은
야속 타 신세타령에 눈곱이 낀 눈
억세 같은 손으로 눈물 한 줌 훔친다

작은 호주머니 속 숨겨둔 청춘을
나, 슬며시 꺼내 놓을 두꺼비인가

등살은 거칠고 울퉁불퉁한 나뭇결
휘어진 손가락 금반지는 끼워져 있어도

틀니 속에서 또박또박 걸어 나오는 말

"살다 보면 다 거기서 거기 인기라"

명언 한마디 듣고 저물녘 나선 길
물웅덩이마다 낀 살얼음에
등 울룩불룩한 나를 비춰본다

외롭다 느낄 때

인연의 고리를 놓고 싶지 않았을 때
파도 또한 판단이 흐려지나 보다

거세게 바위를 철썩 때리기도 했고
아니 스스로 이마를 바위에 부딪힌 거지

손바닥 자국은 화석처럼 남겨지고
회중의 시계는 낡은 호주머니 속에서
가슴을 두드리며 답답해 했을 거야

살다가 한 번쯤 되묻고 싶었던 말들이
입안에 엉킨 거미줄인 걸 알았어

허기진 거미의 습관이 그물을 칠 때

작은 태엽은 혼자 외면을 감고 있었어

황혼이 진다

서쪽 하늘 끝자락이
산능선을 듬성듬성 꿰매 놓는
긴 바늘 끝

쓰라린 하늘은 빨간 약이 필요할 텐데
처연한 밤하늘에 별들은
아파할 여지조차 없나 봅니다

달이 곧 뜰 거니까요
별빛 따라 걷다가 우린 마른 우물에 걸린
달을 보게 될 거요

두레박을 건져 올리지만
이끼조차 마른 우물 안
여기저기 부딪혀 멍이 들 뿐이지요

빨간 약은 효과를 잃었고요
모서리 일그러진 깡통처럼
그리 늙어가나 봅니다

만만 바다

바다는 한 옥타브 목소리를 낮추든 말든
밀려왔다 밀려간다

방파제 위로 튀여 오르는 물방울의 높이에는
다 알 수 없는 당신이 당신이라 부르는 바다는
잡동사니 언어보다는 간결하다

벌레에게 물어 뜯기면서도 마디마디 흠집을 가진
옥수수 대궁으로 산다는 건 결국 마른 수염
안쪽에 웃음기 머금은 씨앗을 잉태하기 위한 것

일터에서 잔뜩 목마른 당신이 풀지 못한 감정선을
내게 들이밀 때도 나 너그럽게 웃을 수 있는 건
강박관념 따위는 일찍 버렸기 때문이다

그냥 만만해 보일 때가 가장 무서운
태풍이 몰려오기 직전인 거처럼

어이없는 일

과욕이 언젠가는 시한폭탄처럼 터질 거야

심보가 몸집을 크게 만들기에
바라보는 나조차 무너질 수도 있다

분수를 알고 살아가는 이치는, 늘 평화로울 것이고
풍선처럼 자꾸 부풀어 오르는 욕심은
감지덕지 엑스트라 역할밖에는 할 수 없는 일

주어진 여정대로 산다면
그 인생은 잘살았다 할 수 있는 일
잡히지 않는 신기루를 좇아가다가
한마디로 엿 되는 수가 태반이다

누구든지 레드 카펫을 밟고 싶다
그건, 사람의 욕망이다
허접한 생각은 그만 접기로 한다

첫 단추

동그랗게 반짝이는 단추 여섯 개에
끼워 넣을 수 있는 수맥도 여섯 개

돌부리에 걸어차이는 비포장길에 들어서 서야
아차!
알아버린 위아래가 뒤바뀐 순서

편안한 의자에 앉아 자장면 후루룩 먹고 싶었는데
깨지고 멍든 일 외엔 아이들이 들려주는
웃음소리에 그럭저럭 사는 거 아닐지

장미가 그려진 양산을 쓰고 뾰족구두를 신고
기분 좋은 자유를 만질 수 있겠다던
어느 날
희망을 데리고 나 지금 산속 길을 오르는 중

바위에 바위를 깨고
떡갈나무에 떡갈나무를 깨고

잘 차려입은 정장처럼
이쪽과 저쪽의 산비탈을

지퍼로 채워줄 수 없는 일

캄캄한 어둠 속에서 첫 단추만은
제대로 꿰고 볼 일인 것을

저울의 시간

이쯤이면 될까?
아니 좌우 어디쯤으로 추를 넘기면
반쯤 물속에 잠긴
눈물의 무게를 잴 수 있을까

아리송한 무게였다가 어리둥절한 고갯짓이었다고
설레설레 고개를 좌우 흔들고도 찾지 못한
수평의 한 지점

손끝으로도, 눈치로라도
소화시켜야 할 너의 그늘은 어디쯤인지

오늘은 나,
이래도 저래도 안 되는 절망을
수평의 한 지점에 좀 더 오래 머물 수 있는 나를
손짓과 눈짓으로 만나려 하지

물속에서 가만히 뜬눈으로
녹지 않는 왕소금을 바라보다가
차라리 내가 왕소금이 되었다가

그대가 동동 띄워놓은 날달걀이 되었다가

긴 국자로 냅다 젓기 전
달님으로 오신 어머니의 무게
오랫동안 만나지 못했던 그리움의 중심을
나 이제야 만난다

손가락 약속

둥글게 만 엄지와 검지 속을
이맛살 찌푸리며 올려다보았지

뚫린 구멍은 동그란 하늘
보이는 작은 여백 안쪽에

사랑했던 사람과 사랑하는 사람
얼굴을 동시에 그려 넣어 봐

딱히 지우개는 필요하지 않아
그렸다 지웠다 둥둥 띄운
내 마음도 그려 넣어도 좋아

인정스러운 사람에게는
늘 고향 같은 여백이라고 그가, 그랬거든

지나간 구름이라 데려올 수가 없으면
내가 오선지 밖으로 나가는 거야

엄지와 검지를 풀어 넓은 하늘에

어머니를 마음껏 그려 봐

큰 눈에 고운 보조개 속에
옛 그림자가 찾아올 때도 있어

올려다보며 하늘과 나누는 약속에
웃고 있는 엄마가 그려져

사랑합니다

말라 누워 있는 풀더미에 내리던 눈은
풀의 키를 다 덮어 버렸어도
눈 속에 덮인 풀의 이름을
나 기억하는 것은
불어오는 바람이 눈을 쓸어가기 전에
아무도 몰래 쓴 당신의 이름이
내 마음 외로움에 빈자리를
가득 채웠기 때문입니다
내가 가질 수 없는 당신이기에
나 혼자 그대를 기다리며
희극일 수도 비극일 수도 있는
눈 이불 헤집고 가만가만 차가운 손가락으로
추위를 밀고 올라오는
새싹 하나 일으켜 세워봅니다

달아난 잠

해 넘어갈 때쯤 삼킨 여문 빛깔 커피 탓일까!

벽에 기대어 선 옛 그림자
소화되지 못해 잠을 설치는 밤에
소리 없는 종이 울린다

한가득 따라온 도깨비바늘에
등줄기는 경련을 일으키려 들고

몸으로 오는 잠이 암호에 걸려 뒤척뒤척
가려움에 목울대를 긁어대다가
벌건 손톱자국이 온몸으로 번져간다

도깨비바늘은 오늘 무슨 일이 있었는지는
비밀의 열쇠
달라붙은 바짓가랑이에서 떼지 않은 채

산속 엄마께 갔던 기억을 며칠 묵힐 셈이다

메아리 성묘

목 터져라, 불러보고 싶었던 엄마
멈춰 섰다, 떠났다가 돌아오지 못한 메아리가
산 중턱 봉분에 한참 엎드려 있다

품 안의 유선 푸른 가슴에 포개어져
살포시 든 잠결에, 메꽃 넝쿨을 더듬고 있다

어디선가 쪼르르 달려온 다람쥐는 재단에 앉아
나를 향한 마음을 알았다며 털어놓는다

울퉁불퉁 바위에 부딪혀 흘러온 눈물
보고 싶은 마음
바닥 맑은 잔으로 전하고 나니
구름 낀 하늘은 말짱한 그늘로 내려오고
내 걸음을 멈추게 한 건 산비둘기 날아간 하늘

멈춰선 자리에서 올려다보는 여백에는
마저 써야 할 한 장의 편지가 펄럭인다

안경은 벗겨지고 눈앞은 그저 희미한 안개일 뿐

쓰다만 편지를 물고 다람쥐는
제 꼬리 닮은 핑크뮬리 숲속으로 사라진다

아카시아잎 사이로 스케치 되는 엄마 얼굴에
호호 입김으로 닦은 렌즈를 씌워준다

눈물

보내기 싫은 하루와 이별을 하고
풍성한 거품 풀어놓은 물에 든다

수돗물로 헹군 울음을
따듯한 강으로 흘려 버린다

물은 배수구 관을 타고 내려가다가
어느 한 지점에서 울컥해서 뒤돌아보는지
꾸르륵 꾸르륵 자꾸 운다

역류란 없다고 나는 타이른다
물이란 아래로 흐른다는 걸 알기에
눈이 따가워도 고개를 든다

멀쩡한 마음으로
쪽진 창으로 흘러가는 구름을
뽀송한 타월인 양 당겨 젖은 몸 감싸 안을 때
눈을 떠난 물은 이미
꽃나무 팔을 베고 눕기도 한다

출렁이는 바다에서 내 눈물 쪼아먹고
나는 새의 심장 소리가 점점 그립기 시작했다

꿈이 사라진 자리

희미한 불빛 아래 모여 그녀들은 밥을 먹는다

달그락 소리도 내지 않는 적막한 식사
종아리는 흐물흐물 눈빛은 이미 풀이 죽었다

뼈가 살가죽을 벗어 던진 듯
떨어지려는 각질을 비늘처럼 매단 채
희미한 동공은 자꾸만 창문 너머를 살핀다

거기는 가면 안 되는 곳이라, 오래 삐치지 않고 갈 거니
가는 길에 내려두진 말라는,
당신의 당부가 떠오르는 시간이다

밥그릇 뚜껑이 후딱 열리지 않는
요양 병동 저녁 식사 시간

전대 속에 숨겨 둔 돈이 많다고 자랑하던 순자 할매도
쓰러져 먼저 가신 영감을
꿈속에서 만나고 있는지, 조용하다

날마다 장날

야무지게 동여맨 당신의 넥타이 속에는
몇 갈래의 길이 들있을까

쪼개주길 바라는 통나무 장작처럼
돌멩이를 부여안다가
어느 날은 돌멩이를 걷어차다가
나이테 같은 목주름 안으로 감추고
여기까지 흘러온 길들

접었다 폈다 바쁘던 고개는 뻣뻣하고
그래도 좌우로 굴리는 눈알만큼은
야무지다고 해야 하나

밤 깊도록 노트북 뒤져 시 몇 줄이
무심코 벗어둔 뿔테안경을
더듬거리는 새벽에
아버지 당신을 나 만나게 되는가?

한껏 차려입고 장날을 향해 걸어가는
당신의 가벼운 발길이

길 위에서 길 잃어 우울하던
내 손목을 잡아끈다

그리움 줄타기

목덜미에 감빛 스카프로 걸고
땅 위 늘어진 가을 그림자를
뻐근한 양손으로 잡아 올리는 날

가슴 뜨거운 도꼬마리 풀씨 하나
퇴색되기 전 새로운 영지를 찾아가려
들짐승의 털에 찰싹 달라붙는다

서러운 낙엽마저 등뼈가 무너지는 그런 날
겨울 앞둔 다람쥐는 외로움을 물어 나르고
나 외줄에 올라 부채를 흔든다고 해서

누가 눈여겨 보아주겠는가?

묵묵한 과정을 거치고
인생의 단면이 심오한 것들로
나무의 속마음 단풍을 파스텔로 색칠한다

초록이 다 지워진 나무와 나무 사이
강물 같은 줄 하나 걸어둔다

허수아비 머리 위 하릴없던 새
그만 이리 내게 와,
함께 달려오고 있을
첫눈 마중이나 가자고 꼬드겨 본다

늙어가는 갈비

등에 뱃가죽 붙은 늙은 늑대
울음소리가 들려온다
허기진 배를 채우려
푹신한 의자 찾아 앉은 갈빗집
으드득 갈비 뜯는 소리가 들리지 않는다
이가 빠진 터라
갈빗대를 감싼 맛난 살점을
물어 뜯지 못하고
옆구리에 붙은 비계만 오물거린다
벌건 숯불 위에 고기가 타도
홀로 우는 늑대는
잔을 채운 소주로 몇 번이나
마른 목을 적시지만
취하지 않는 건
배를 맹물로 채운 탓이다

제4부

살기 위해 매달린다는 것과
흐른다는 것의 차이가
숨쉰다는 이유 하나로 공평해지는가

있어야 해

난데없이 도마 위에 올려진 나를 본다

오이 썰던 도마에서 들리는 시누이들의 비명
곧이어 내 차례도 멀지 않았다

갓 부화한 노랑 병아리
잔칫집 같은 버스에 태워 보낸 젊은 새댁들

삼삼오오 카페 스탠드 에어컨 아래 모여
나이테 없는 도마를 펼친다

어쩌면 곧 죽게 생긴 시어머니
남의 일 같지 않다

시집 식구들 하나둘 불러내어 토막내더니
친정 부모 데리고 해외여행 간다고
당당해진 어깨는 잔뜩 우쭐해졌다

초여름 더위 속
아들만 낳은 후회가
에어컨 실외기 날개를 돌리고 있다

혼, 흔들어 보자

파도가, 바다가 바스러진다

밀려왔다 밀려가는 물결에
떠밀려가지 않으려 통곡이다

모래는 쫑긋 발을 세운다
바닷속으로 들어가지 못한 아쉬움은
모든 걸 비우고 떠나는 파도에
쌓았던 모래성을 내어준다

비운다는 건 다시 채우는 일

자신을 포기하는 자가 얻는
빛을 밝히는 여명의 수평선, 충족이 저기 있다

한꺼번에 덮치는 강한 파도보다
살며시 밀려와 소리 없이
작은 몽돌을 안고 떠나는 파도에는
알 수 없는 사랑이 숨어 있다

때로는 붉은 갑각류를 데려다 놓기도 하고

때로는 빈 조개껍데기로
하와이풍의 춤을 출 때도 있지

사는 일이 높고 가파르거든
출렁거리는 파도에
귀를 기울여보자

탈피를 위한 시간

겨우내 걸고 다닌 목도리를 풀어 옷걸이에 걸어둔다
돌돌 말려 있던 태엽에 시간에서 겨울을 건너온
설피의 시간이 조금씩 마르는 소리가 들렸다

성급하게 나는 봄을 목구멍 속으로
밀어넣다가 체하고 말았던 것

살갗이 시리다고 웅크린 나비의 어깨가 흔들리고
아직 피지 않은 진달래를
주왕산 북벽에서 꺾어온 날부터 눈물에 길들어진

나 그렇게 마중한 봄

벗어둔 목도리는 얼음이 풀리는 계곡물이 되어
숨긴 먹이 자리 잃어버린 다람쥐를
더 배고프게 하는 건 아닌지

짧은 촉 하나 무릎을 치며 도토리
껍질 밖으로 올라오는 것을 본다

그래

진통은 그렇듯 아무것도 아닌 듯
껍질을 벗을 때부터 시작되고

내 목도리를 걸어둔 바짝 마른 나무 옷걸이에서
아무도 보지 못한 싹을 나 기다리고 있다

빠른 포기들

임대를 알리는 전단지 나부끼는
전봇대 아래 모여든 개미들
침을 흘린다

불 꺼진 어둑한 밤 길을 지나
말짱한 날에 흘리던 침을 닦으려
문 앞에 섰을 때
누런 임대 종이는 찢어진 후였다

비어있어야 할 곳에 자재들은 겹겹이 쌓여
새로운 제 탄생을 꿈꾸고 있어
바짝 마른 입술을 혀로 훑어내고
대박을 꿈꾸었던 소망 하나 주머니에 구겨 넣는다

새로운 출발을 위해
무릎으로 바닥을 기는 이에게
구부린 무릎 오뚝이처럼 일어나길
저 멀리 보이는 붉은색 십자가에도
행운의 열쇠를 걸어주었다

내심 서운한 마음을 접고

둥글게 말린 등을 차 안으로 밀어넣으며
승용차 시동 걸었지만 소리는 맑지 않은 듯했다

깊은 꼬리에 상념을 접고
전화번호 숫자들을 꼬리표로 매단
임대 전단지에 눈독을 들여본다

그러나 왠지 오늘은
마음이 거미줄처럼 가늘다

식빵의 구조

방금 구운 빵을 앞에 두고
내 안에 네가 있다며
손가락을 밀어넣으면
팽창한 빵들 아늑하다
들어가 봤으면 좋겠다 싶던
연속되는 기포는 폭신하고
만져지는 부드러운 결
빨려들고 싶은 고소함은
허우적거렸던 옛사랑을
일렁이는 밀밭으로 불러낸다

푹신한 침대에 눕히고
반건조 오징어 살결을 찢듯이
결마저도 부드러운 명주실로
오래 뽑아내고 싶어지는 맛
부드러움의 가슴뼈를
누가 자꾸 간질이는가
사랑이 고프도록

유리에 이마를 부딪친 새처럼

닫힌 유리창을 두드리다 두드리다가
돌아간 것은 오래된 열정이지

주먹으로 유리창을 두드렸더라면
아마 손등에 피가 났겠지

빠른 속도로 날아온 솜뭉치라 해도
유리창엔 구멍이 날 수도 있지

연애의 본질은 오버 아니겠나
어두운 밤하늘을 하얀 지우개로 지웠더랬지

그래서 난 그 딱딱하고 차가운 유리창을
더는 두드리지 않기로 했던 거지

나는 또 누군가를 지워야 할 일이
생겨날지 몰라서
각진 지우개를 아껴 두기로 했어

우연과 필연

챙겨 들고 온 우산을 접고 도랑을 건너다가
후드득 퍼붓는 국지성 폭우에
더 젖을 때가 없어져 버렸음을 알았다

피하고 싶지 않은 마음에
우산을 달래 보지만, 자기 일이 아니라며
물 폭탄을 부어버린 하늘이나 원망하란다

쫄딱 비 맞은 몸은, 옷 속에 감춘 실체를 드러내고
양손으로 튕긴 브래지어 끈에서
안개꽃이 우수수 떨어진다

신발이 젖어 발이 부어오른다
잡아매어 두었던 운동화 끈마저 풀린다

빗물과 섞인 내 눈물이 꼿꼿하던 쑥의 등과 휘어진다

끝내 펼치지 않은 우산도 비에 젖고
우연은 필연이 될 수 있는 일임을 알아버린 나도
홀딱 젖고 말았다

본능에 걸려 넘어지다

샅바를 마주 잡으려고 둥근 모래판엘 갔다

어떤 꽃은 내게로 오고, 어떤 꽃은 내 곁을 떠나다
중도에서 만나 맞짱을 뜨기도 한다

상대의 힘이 센 건지, 내 기술이 모자란 것인지
샅바를 놓치고만 나는, 씨름 말고는 할 줄 아는 게 없어서
이제부터 행복의 시작이라 모래판에 일기장을 쓴다

자신의 행복만은 끔찍이도 챙기는 게 본성이라는
근거 없는 나의 거짓말은, 제대로 쓴 한 편의 시다

다시 거머쥔 샅바는 빠져나오질 않아서
밤새 끙끙거린 머리통이 바닥의 모래를 한입 머금고서야
난 또 쓰디쓴 고배의 알약을 털어 넣는다

둥근 모래판이 있어서 여전히 우린 샅바를 잡았다

불고 싶다, 풍선껌

하루를 해 떨어지도록 씹었더니,
턱이 빠질 거 같다

단물 빠진 그걸, 나만 아는 곳에
딱 붙여 놓은 그걸, 이제는 찾아내어
후후 불고 싶다

이제 저녁의 단맛을 아는 나이가 되어
다시 찾아낸 그걸, 질겅질겅 씹다가
하루살이 떼 몰려오는 강둑길에서
후후 풍선으로 불고 싶다

날이 밝아 올 무렵이면 더 딱딱하고
향기마저 뭉근해지면 나는 그걸 꿀꺽 삼키리

씹히는 쓴맛에 길든지는 좀 되었고
쉽게 부풀려서는 안 되는 것이 삶이란 것도 알았으니
이런 나를 누가 어리다, 철없다고 할까?

입구 등을 교체한 마트는 밤에도 밝아서
얼굴만큼 커진 자두 향기 풍선들이

그리운 그걸, 부푼 사랑이라고,
곧 터질 죽음이라고 한다네

차 몰고 고향길 달려갈 내일의 계획
내 캄캄한 호주머니에는
그게, 하나둘 모여 쌓여가고

명중이요

이별은 준비 없이 다가오는 맨발

낱말들은 혀를 자르고
외눈박이 외눈이 오른쪽 가슴에 박힐 때
무심코 당긴 방아쇠는 그만
둥근 표적의 중심에 적중되고 말았다

준비도 없었던 이별에 총알은
가슴 뚫려 아프다 비명 지르기 전에
바람을 가르고 지나간다

이번에는 다른 곳을 겨냥하는 총잡이
총을 거꾸로 잡은 탓에 총알은
본인 가슴에 명중이 되었다

아프다고 징징거리는 허수아비처럼
늘어진 육신이 처량해 보였어

말을 쏠 때는 부메랑 되어 돌아올 걸
미리 생각했어야 하지

백일홍이 피었어

한바탕 물세례가 끝나고
몸을 칭칭 감는 습도에
손가락 접어 백일을 헤아려 보기로 한다

백일홍 가지가
몰려드는 향기의 도수를 올리자
나그네 걸어가던 길도 잠시
벌겋게 취기가 오른다

온갖 시름 내려놓고 진정 백일만 머물다 갈까

뒤 돌아오는 동안
등뒤에서 바라보는 시선이 곱다는 걸
나 도랑을 건너는 마지막 징검다리에 섰을 때 알았다

누군가 옆을 얼쩡거렸겠지, 흐릿한 눈도 비벼보았겠지
떠나간다던 너도 완전한 미련을 접지 못한 게로군

사랑은 아파야 한다는 말처럼
어쩌면 우리는 그냥 스치는 인연 곁에
다정히 묻히고 있다는 것을 알았지

연을 날리는 이유

손바닥을 몇 번 폈다, 오므렸다 하는 동안
창호지 문틈으로
훈훈한 내음은 기어들어 오지 않았다

바람에 문풍지는 떨리고
혼자 남겨진 나는 슬퍼졌다

그냥 고독을 즐겼다는 소리를 듣고는
가슴에 멍이 천식처럼 터져 나왔다

처마밑 작은 화단에 채송화 분홍으로 물들 때
흰 고무신 씻어 엎어놓은 툇마루는
쪽빛 하늘을 올려보기 좋은 나만의 공간

보고 싶은 엄마는 지금
명주실에 묶인 연이 되어 자유롭게 날지만
끈을 놓으면 날아가는 연인 걸 알기에
나는 허무해졌다

방안에 누워 어김없이 새벽녘
암탉이 울 때까지

손에서 떼 놓지 못하는 끈

어머니 돌아오실 길
꿈속에서도 놓지 못했다

옆구리 집게

녹슬지 않는 줄 위에 헐렁한 상의가 걸려있다

거꾸로 매달린 세상은 어지럽다
꼭 집어준 옆구리는 너무 아프다

풍성한 거품 속을 헤매일 때는
벗어나기 급했지만 마음은 개운하다

하체는 허리를 양쪽으로 꼭 집혀 무릎만 팔랑거린다

거꾸로 매달린 채 하루해가 뜨면서 질 때까지
견딘다는 게 너무 힘이 들어 속이 울렁거린다

토할 거 같은, 기분일 때 살랑 불어주는 바람에
멀미는 멈칫했고
젖을 때 늘어진 윗도리는 빳빳하게 말려지고
하체는 사분의 일로 접힌다

여주인이 부드러운 손으로 나를 만질 때 느끼는 희열
드디어 나는 방으로 입성할 수 있다는 것에

환호를 보낸다

햇볕에 그을린 얼굴은 섬유 탈취제로 마사지하고
차곡차곡 접혀서야 장롱 속 자리를 잡는다

벚나무 계산법

허리 잘록한 모래시계 속 흘러내리는 모래를 본다

연분홍 립스틱 바르고 들여다보고 있자니,

"삶이란 이렇게 흥분할 수 있는 일이구나"

눈앞의 검은 벚나무 분홍 꽃물이 들 때쯤이면
나는 알게 될까?

피었다가 쏟아져 내리는 꽃잎들 앞에서
유리벽 안의 내가 위아래로 선택할 수 있는 자유

밖으로 탈출할 수 없는 유리 속
너만의 불빛은 왜 그리 황홀하던지

짧은 치마에 짙은 화장을 한 얼굴도
모래시계 셈법 앞에서 흐르는 시간을 나누고 있겠지

시간이 곧 돈이라 계산하는 여인은
눈물로 세고 있던 종이돈을

깔때기 같은 주머니 속으로 구겨 넣는다

모래시계 아래가 위로 바뀔 때까지
묵묵히 저 혼자 벚나무 꽃잎은 흘러내린다

시집가던 날

바가지 위에 새로 산 꽃신을 신고 올라섰다

부서져 내리는 햇살은
나를 부러운 듯이 바라보았다

점쟁이 할매는 깨어진 조각들을 유심히 바라본다
맵군! 매워
코피 흘리는 날은 많겠지만
큰 후회는 남기지 않겠군

한 번도 안 가본 그 길 앞에서
슬그머니 치마 끝을 붙잡아주던 할머니 눈은
둥둥 떠 있는
먼바다 배를 바라보는 듯, 했었지

내 눈은 어느새
대문 밖으로 첫발을 내딛고
쩌렁쩌렁 골목길을 깨우는
집안 어른의 고함에
어느새 내 머리채는 잡히고 말았다

가야 할까 말아야 할까

번쩍 번뇌를 내려놓는 그 자리
잠시 그친 빗속으로 사람이 되지 못한
여우 한 마리 힐끔힐끔
뒤를 돌아다보며 달아나고

안개

백마 탄 초인을 기다리다가
부끄럼에 눈이 먼 한 여자는
안동역 앞에서, 눈물 젖은 앞치마를
수줍은 척 펄럭거린다

익어가는 청포도를 들키지 않으려
매달린 이파리 위로
발소리 죽인 6월은 하얀 모시 수건
얼굴을 가리고 다가왔다

달 없는 영호루 팔각정 끝에 앉아
흐려진 시내 불빛에서 떠올리는
조탑동 미자 언니는
쓰라린 어깨로 흐느낀다

허름함에 이른 아낙에 불과한
내가 안아주러 가야 하나

우리 몰래 오는, 싱싱한 세상을 맞으려면
팔의 결박 언제쯤 풀고

이끼 낀 서로의 온몸
안개로 닦아줄 수 있을까

하늘 낙서

넝쿨 같은 애착에 발이 묶여
움직일 수조차 없다가
산등성이에 올라 낙엽으로
편지를 쓴다

집착은 나의 마음을 봄날 벚꽃처럼 흔들고
눈으로 불러 쓴 편지에
붙이지 못 할 사연 적어 하늘에 부친다

주소가 없는 탓에, 팔랑이는 낙엽은
수신 불명으로 땅으로 떨어진다

쓸데없는 미련임을 낙엽은 안다

멈칫멈칫 떨어지는 낙엽을 한참 동안 보다가
발아래 짓밟혀 꺾이는 척추
바스러지며 지르는 야속한 원망에
나 깜짝 놀랐다

뒤돌아보니

햇살은 목 긴 고라니 바위 등 뒤에 숨어
잘 가라, 인사한다

무너진 봄

돌 같은 마음으로 살아가자고
스스로와 구두계약을 하고 뒤돌아서 가는 길
활짝 피어난 백목련의 순결에
마음이 무너지고 말았어

낯선 좌표에서 나를 이탈시킨 내가 미웠어

더욱 야물게 매질한 월식의 짜릿함에
능수 버드나무 아래서 마음을 동여매고
두 눈 부엉이처럼 부릅떴지

담장 밖으로 넘쳐흐른 홍매화에 난 또 그만
나를 어떻게 내려놓을지를 고민했어

연민을 다 풀어 놓을 다짐으로
너를 뚫어지게 보고 또다시 보니, 고운 것을
살아가는 일에 밀쳐두기에 급급했던
나를 본 거지

잔향을 뿌리는 꽃송이의 고결함에 반해버린 나
키 작은 풀 살랑이는 들길에서

마주 불어오는 봄바람에
마냥 헝클어지는 날이었다

산꾼

해를 훔치려
챙 넓은 모자를 쓰고
레이스 달린 장갑을 끼고
작은 냇가를 건너서 산을 오른다

해를 따려면 긴 장대도 필요할 텐데

한참을 올라가자, 아파오는 무릎
잠시 소나무 뿌리에 앉아 거창한 노래한 곡을 불렀지
그러자 해는 내게 와 주었어

그렇게 훔친 해를 행여 누군가 볼까 봐
난 주머니 깊숙이 넣었어

어디서 왔는지 다람쥐가 옆에 앉아있기에
해를 조금씩 나눠주다 보니, 해는 금방
반만 남았어

노을이 지고 남은 눈썹달이라도 훔쳐 갈까 하다가
어두운 밤이 자꾸 걸어오기에

등골이 오싹해 정신없이 도로에 내려왔지

눈썹달을 하늘에 매달아 놓고 말이야

도착하고 나니, 우리 집 지붕에 걸터앉아 있었어
나는 해를 훔쳐야 하기에
달 너에겐 별 관심을 두지 않았어

새벽녘까지 졸고 있던 나는
다시 해를 훔치러 가기 위해
신발 끈을 당겨 묶는 중이야

겨울 스웨터를 뜨다

씹다 뱉는 별이, 쓰다
손톱의 궤도에서 살피는 행성들

곱 씹히는 세상의 맛을
별을 씹다 만나다니!

잎 떨군 사시나무 아래서
더 잘 드러나는 별들

이슬 젖은 옷을 걸친 채
그래, 이제 겨울이 멀지 않았으니
서두르지 말라고 촘촘한 경고를 보낸다

코를 빠트린 뜨개실처럼
나는 또 무수한 이별과 마주하겠지만

사라진 별 뒤에
또 뜨는 별이 있다는 사실에
잘못 뜬 은실 스웨터를 다시 푼다

어제 잘못 불었던 바람을
오늘의 자리에 되돌려놓는다

숨의 각도

하루 일 마치고
오지 않을 내일을 생각하다가
저녁 창가에 앉아 꽃이 피고 지는 각도를
눈짐작으로 재어본다

살기 위해 매달린다는 것과
흐른다는 것의 차이가
숨쉰다는 이유 하나로 공평해지는가

꽃 핀 나무가 가끔 나로 하여 길을 잃게 했다

어둠이 어둠을 삼키는 시간
그냥 덮어두기로 한 갈망의 지우개를 들고
현재에 머무는 나의 각도기는
우주에서 길 잃은 미아

창백한 얼굴이 오늘의 마지막 꽃에게도
가만히 내미는 구원의 손길
풍덩 떨어지면 안락한 물의 침대인 것을

저 목련 꽃잎은 알고 있으면서도

쉽게 놓지 않는 손
그 손을 잡은 나무의 손목 또한
힘줄이 파랗다

다림질

달군 인두가 위태한 부채를 흔들어 대고 있다

흰 와이셔츠 위 오늘의 곡예는
아슬아슬한 하루가 될 듯한 예감이다

빳빳한 와이셔츠를 입고 아파트 문을 나설 때
벌건 숯덩이 바깥은
이미 고기를 구울 만큼 열기가 뜨겁다

길게 늘어진 육신은 해가 질 무렵
초인종을 누르려 돌아오겠지

깜박하고 부채를 잊고 나온 탓에 마음을
발효시킬 수 있으려나

앞주머니엔 볼펜 자국이 거미줄처럼 엉겨지고
땀 냄새 진동하는 젊은 남자의 지친 어깨가
한없이 가늘어 보인다

접힌 주름의 흔적이 하루가 치열했음을
생겨난 주름으로 말해주듯

몸뚱어리는 삶의 회유에 길들어진 목석같다

핏기조차 보이지 않는 얼굴은
웃음을 던지듯, 와이셔츠를 벗는다

추스르지 못한 침대 끝자락에
허수아비처럼 누워
천장을 지친 한숨 소리로 두드린다

너와 나

옅은 바람에 도리질하는 낙엽에서
뿌리로 돌아가려는
생명의 마지막 몸짓을 본다

꽃들이 지면 벌들은
샛바람을 피해 집을 지키러 가고
쓸쓸함이 처량하게 묻어나는 길에서

헐벗은 등을 드러낸 사람은
흘러가는 인생길의 막바지에 들어
지나오며 만난 수많은 주마등을 떠올린다

거부해도 소용없음을 아는 낙엽이
가을을 만나 나뒹구는 것을 본다는 것은
허전한 마음이 앞선 자리
비켜 갈 곳도 없는 막다른 골목길

아무 일 없이도 저무는 내 사랑을 본 것

외로움의 끝자락에 놓인
그대를 그리워하는 내 밀랍의 가슴은

더 깊이 뿌리를 키우는 땅속
다시 피어날 봄 꿈을 기다려 본다

해설

순응과 모반 경계의 시어들

이훈식 (시인. 서정문학 발행인)

두 번째 시집이 나온 지 엊그제 같은데 벌써 세 번째 시집을 출간하는 오상연 시인의 시혼詩魂이 참으로 뜨겁다. 시를 쓴다는 창조 행위는 자아를 알아 가는 길이요. 일상에서 만나는 사물과 대상에 대한 새로운 인식이며 가치이다. 언어를 도구로 삼아 작가의 경험과 연륜에서 오는 사유를 시어로 표현한다는 것이 결코 쉬운 작업이 아니다.

때론 피를 말리는 고통이요. 가슴으로 밤을 하얗게 긁어대는 침울沈鬱의 시간이기도 하다. 또한 그간 느껴 보지 못했던 미지의 세계 발견이요, 깨달음이다. 시인마다 시론이 다 다르겠지만 시를 쓴다는 것은 시인의 삶의 단면을 부끄럼 없이 세상에 내보이는 용기이며 원죄 같은 외로움과 그리움을 시어로 분해해 보면서 시인조차도 의식하지 못했던 무의식 세계와 만남이요, 잠재되어 있던 결핍을 채워보려는 욕망의 발로發路이기도 하다.

오스트리아 철학자 마르틴 부버Martin Buber는 "인간이 신·인간·자연 등 3차원 모두에서 자신과 마주 보고 있는 다른 존재와 다시 만나야 새로운 관계를 회복할 수 있다"라고 주장했던 것처럼 오상연 시인의 시를 읽어보면 이제까지 앞만 보고 달려온 시간 속에서 신을 얘기하고 자연과 인간을 얘기하며 허심탄회虛心坦懷하게 속마음을 서정적 시어로 풀어놓고 있다.

이번 세 번째 시집은 1집, 2집의 시들과는 다르게 절제되고 중의적 표현들이 행간 곳곳에서 별로 뜨고 꽃으로 피어나고 전혀 생각지 못했던 발상의 언어로 읽는 사람의 허를 찌르고 있다. 지나간 것은 지나간 대로 의미가 있지만 과거와 현재에 안주하지 않고 미래 지향적으로 승화시켜보려는 작업이 곳곳에서 눈에 띈다.

참으로 짧은 시간에 일취월장日就月將한 작품들이라 어느 시를 골라 작품을 평해도 무난할 정도로 시어의 무게와 부피가 세상만큼 커져 있다.

1부

뚜껑을 열기엔
가슴 아픈 그리움 그 속에 묻힐까 봐
등껍질 딱딱한 둥근 뚜껑을 들 수가 없었다

바짝 말라 버린 포도 잎 하나 항아리 위에 터를 잡다가
바람의 힘으로 밀려나고서
뚜껑을 열어 보았다

백 년을 너끈히 바닥을 지켜온 씨 간장

　　달 비친 하얀 곰팡이 속 거기에
　　엄마는 손맛을 남겨두신 거였다
　　　　　　―「손맛의 유산」 일부

　어머니는 우리의 본향이고 그리움이며 영원한 마음의 안식처이다. 어머니는 우리의 우주이다. 항아리에 남아 있던 씨 간장을 보고 가슴 아픈 그리움을 표현한 절절한 시어들이 깊은 문향으로 다가온다. 엄마는 이 세상에서 가장 측은한 존재이면서도 가장 따뜻한 품이었고 누군가 엄마의 이름으로 내 몸 한구석이라도 찌르면 그렁그렁 눈물이 맺히는 애증의 이름이다.

　오 시인이 다양한 소재로 시를 쓰고 있음이 어쩌면 엄마에 대한 그리움을 다른 명제의 이름의 시로 풀어놓고 있는 작업인지도 모르겠다.

　살아오면서 엄마에게 다 하지 못했던 회한을 시어로 배설하면서 마음의 정화를 얻고자 하는 시인의 숨은 마음도 보인다. 오 시인의 시는 남몰래 담아 두었던 정서가 한 바탕 울음으로 빠져나간 자리에서 승화된 감동과 깨달음이 난해하지 않은 언어로 표출되고 있다.

　그러면서도 시가 진부하지 않고 한 번쯤 침전시켰던 사유의 정점頂點들이 화려한 군무를 펼쳐 보인다. 전과 다른 시향을 오롯이 피우기 위해 사르고 살랐을 그 열정이 빈 가지에도 꽃 향이 머물게 하고 있다

당신의 목구멍 속으로 넘어간 국수가
출렁거리며 소화되기를 꿈꿀 때
남은 면발에 한 번 더 우려지는 육수는
무딘 칼을 쥐고도 덤벙덤벙 호박을 썰던
어머니의 무명 치마폭을 닮아가고 있다
개업을 알리는 국숫집 LED 간판 불빛 앞에서
눈 동그랗게 뜬 멸치 한 마리
가슴뼈에 걸려 넘어가지 않던 노을을 삼키고 있다
　　―「멸치」일부

위의 시를 보면 하찮은 멸치를 자아와 비유하면서 톡톡 튀는 맛깔스러운 표현으로 할 말은 다 하는 화자를 만난다. 시는 낯설게 하기란 말이 있다. 낯익은 일상 언어를 은유와 함축을 통해 사물과 대상을 형상화시킬 때 시인의 내재한 사유가 강한 뼈대로 나타날 때가 있다.

"가슴뼈에 걸려 넘어가지 않던 노을을 삼키고 있다" 전부 다 그런 것은 아니지만 마지막 행을 어떻게 반전시키느냐에 따라 시 전체가 살기도 하고 죽기도 한다는 것을 알고 쓰는 오 시인이다. 1부의 시들을 보면 소재와 대상을 육화(肉化-incarnation)시킨 감각적 언어와 시인의 사생관과 정서가 그간 살아 온 삶을 조명해 주고 있다.

한 연 한 행을 낭비하지 않는 언어로 그려낸 시어들이나 아직 여기 살아 있다고 외치고 있다. 오 시인의 시들은 단순한 대상과 소재 이미지에 머물지 않고 객관적 상관물 客觀的 相關物을 가지고 관찰자 입장이 아닌 주관자 입장에서 들여다보며 해부하고 다듬으며 읽는 사람들로 하여금 그 동질감을 회복시켜주고 있음을 본다.

2부

　오상연 시인은 주어진 소재에 자아를 부영해 보는 기법을 통해 시의 완성도를 높이고 있다. 우리네 삶이라는 것이 알고 보면 사람과 사람의 관계이다. 미움과 그리움, 좌절과 성취감, 그 모든 것이 나와 다름을 인정하는 데부터 시작되어야 함에도 나와 다름은 무조건 틀렸다는 인식이 서로 융합되지 못하고 애증의 관계로도 나타난다.
　그러나 오 시인은 시를 통해 그런 속박을 배설하고 포용하며 자아의 깨달음을 소박하면서도 때로는 예리한 시선으로 그 본질을 해부해 놓고 있음을 본다.
　적자생존 치열한 세상에서 자꾸 나약해져 가는 마음을 투박하지만, 직설적 표현과 간접화법을 적절히 아울러주면서 그려낸 시어들이 참으로 당차다. 다양한 소재들을 바라보는 시각이 때로는 마디마디 차가운 이성이었다가 때로는 봄 햇볕처럼 따스하게 스며드는 미소로 어둠마저 환하게 만든다. 오 시인이 추구하는 세상이 연마다 행간마다 살아 있다.

　　병원으로 달려가 두 개의 알약을 샀다
　　물티슈로 입을 닦고
　　새로운 알약을 털어 넣어주었더니
　　째깍째깍 제소리를 찾은 듯
　　다시 구르는 초침과 분침

차라리 멈추었을 때 그냥 두었더라면
내 나이도 빨리 먹지 않을 수 있었을까?

늘 호기심이 많았던 만큼
오늘은 푸념을 해부하겠다고 늘어놓는다
　　　　　　　　　—「세월 보내기 싫은」 일부

바싹 말라 볼품없을 때 말고
활짝 피어 고운 모습일 때
주저하지 말고 다가올 그대를 기다립니다

뱃전에 앉은 그대가
저만치서 기다리는 나를 보았다면
이젠 흰 손수건 꺼내어
깃발처럼 흔들어 줄 때입니다
　　　　　　　—「방랑자」 일부

　위의 두 시를 살펴보면 살면서 예기치 않게 부딪혀오는 세월의 무게와 멀어진 애증의 관계를 남 얘기하듯 털어놓고 있지만 실상은 자신의 대한 위로요, 주어진 아픔의 시간을 반추하며 자아 정체성에 대한 물음에 확고한 대답을 우리에게 들려주고 있다. 자존심보다는 자존감을 위해 오늘보다 내일을 위한 소박한 정서가 행간에 숨겨져 있음을 본다.
　"오늘은 푸념을 해부하겠다고 늘어놓는다." 기름치고 닦지 않으면 녹슬고 마는 시계의 톱니바퀴처럼 우리의 이성과 감성을 대비시켜 놓은 기법이 그간의 산고를 시어로 말해주고 있다.

"이젠 흰 손수건 꺼내어/ 깃발처럼 흔들어 줄 때입니다"
머물 곳 없고 마음 둘 곳 없는 방랑자 같은 외로운 인생길에 어느 날인가 희망이 손 흔들어 주리라는 믿음이 강하게 표출되고 있다. 오 시인은 시적 대상을 자아와 결부시켜가며 무엇이 가장 참다운 가치인가를 우리에게 묻고 그 물음에서 스스로 답을 찾고자 하는 구도자의 모습이 보인다.

    등살은 거칠고 울퉁불퉁한 나뭇결
    휘어진 손가락 금반지는 끼워져 있어도

    틀니 속에서 또박또박 걸어 나오는 말
    "살다 보면 다 거기서 거기 인기라"

    명언 한마디 듣고 저물녘 나선 길
    물웅덩이마다 낀 살얼음에
    등 울룩불룩한 나를 비춰본다
               —「길 위의 거울」 일부

위의 시에서도 살얼음 낀 물웅덩이에 비친 모습을 통해 자신을 되새김질하고 있음을 본다. 어쩌면 오 시인은 남에게 보여주는 시를 쓴다기보다 자기 자신을 향해 지금 내가 서 있는 곳이 어디며 앞으로 무엇을 할 것인가 그 좌표를 시어로 세우고 있다.

시는 상상력에 소산물이지만 살아온 삶의 무늬요, 삶의

색깔이다. 외향적 성격처럼 보이지만 누구보다도 여린 마음을 가진 시인임을 그의 작품을 통해서 알게 되는 것도 문학의 효용성임을 우리에게 알려주고 있다

3부

 오 시인의 시는 단순한 소재를 오감을 통한 부분적 해석이 아니라 삶의 의미들을 거름 삼아 부딪쳐 왔던 정서들을 내재적 사유로 담아내고 있다. 표피적인 언어가 아니라 사물과 대상이 주는 이미지를 자기화시키는 작업을 통해 원관념은 행간에 숨긴 채 보조관념으로 끌어낸 시어들이 행간마다 살아서 우리에게 말을 걸고 있다. 지나쳐 버릴 수 있는 일상의 이야기들을 모아 생명을 불어넣고 은유와 함축을 통해 성찰의 도구로 삼아 보려는 노력은 연륜이 가져다준 큰 호흡이며 눈높이다.

>안줏거리인 노가리를 화풀이 삼아
>갈가리 찢고야, 해가 반짝 드는 바다는
>언제 그랬냐는 듯이 조용하다
>
>물미역 줄기가 되어버린 여자에게
>돌멩이로 얻어맞은 듯
>남자의 모서리는 깨지고
>갯바위 아래 납작 엎드린다
>
>산달 앞둔 여자의 젖줄이 되려고
>간밤 진통의 바다는 그렇게

비틀거렸나 보다
　　　　　　─「다툼」 일부

　다툼이라는 위의 시를 보면 남녀 간에 일어날 수 있는 희로애락의 다툼의 정서를 바다 이미지로 대비시키며 가슴 속으로 한 번 숙성시켰다. 뱉어낸 시어들이 밀도 있게 그려져 있다. 무에서 유를 창조해 내는 시인은 소재를 시인의 이름으로 새롭게 불러 줄 때는 바다는 산달을 앞둔 여자의 젖줄이 되기도 하고 물미역 줄기가 돌멩이가 되어 남자의 모서리를 깨지게도 한다. 화려한 기교보다는 올곧은 심성으로 그려내고자 쓰고 고치고 울고 웃었을 시간이 보인다. 시는 결국 시인의 눈높이다. 낱말 하나에 혼을 심고자 애썼을 창조의 고통, 하지만 그 고통마저 즐기는 오 시인이다.

　　　물속에서 가만히 뜬눈으로
　　　녹지 않는 왕소금을 바라보다가
　　　차라리 내가 왕소금이 되었다가
　　　그대가 동동 띄워놓은 날달걀이 되었다가

　　　긴 국자로 냅다 젓기 전
　　　달님으로 오신 어머니의 무게
　　　오랫동안 만나지 못했던 그리움의 중심을
　　　나 이제야 만난다
　　　　　　─「저울의 시간」 일부

　내가 가질 수 없는 당신이기에

나 혼자 그대를 기다리며
희극일 수도 비극일 수도 있는
눈 이불 헤집고 가만가만 차가운 손가락으로
추위를 밀고 올라오는
새싹 하나 일으켜 세워봅니다
　　　　—「사랑합니다」 일부

멈춰선 자리에서 올려다보는 여백에는
마저 써야 할 한 장의 편지가 펄럭인다

안경은 벗겨지고 눈앞은 그저 희미한 안개일 뿐

쓰다만 편지를 물고 다람쥐는
제 꼬리 닮은 핑크뮬리 숲속으로 사라진다

아카시아잎 사이로 스케치 되는 엄마 얼굴에
호호 입김으로 닦은 렌즈를 씌워준다
　　　　—「메아리 성묘」 일부

　위의 시들을 보면 단 한마디 시어를 찾아내기까지 얼마나 자기 가슴을 씹고 씹었는지 그 산고의 아픔을 느낄 수 있다. 시인이 선택한 시어는 피눈물이 섞여 있기 마련이다. 시어와 싸움은 정체된 사유가 아니라 끊임없이 거듭나고자 하는 시인의 외침이요, 끝까지 짐 지고 가야 할 삶의 무게를 눈금 없는 저울로 달아보려는 열망이다.
　내가 가질 수 없는 당신이지만 그래도 다시 새싹을 피워 보려는 애잔함이 바로 우리의 인생이고 시인이 언제나

가지고 살아야 할 덕목이다.

　시인을 두고 천형天刑을 앓는 사람이요, 이 땅에 이방인異邦人이요, 그 어떤 사슬로도 묶이지 않는 자유인自由人이요, 무사무욕無私無慾 삶을 살고자 하는 구도자求道者라고 하지만 안경은 벗겨지고 눈앞은 그저 희미한 안개일 뿐이지만 눈물 때문에 흐릿하게 보이는 엄마의 얼굴을 호호 입김으로 닦아 보려는 가장 외롭고 연약한 존재가 시인이기도 하다.

　4부

　오 시인의 사는 모든 소재가 주는 독특한 이미지를 잡아놓고는 그 이미지에다 본인이 겪었던 기억을 독백하듯 시상을 풀어놓고 있다. 어떤 소재이든 이성적 사고가 바탕이 된 중의적인 시어들이 다 제 몫을 하고 있다. 어눌한 것 같으면서도 그 어눌함을 인정하지 않는 몸짓으로 삶의 진실을 노래하는 시인은 앞서간 발자국은 훗날 뒤쫓아 오는 사람들의 이정표가 될 수 있음을 우리에게 알려주고 있다.

　　씹히는 쓴맛에 길든지는 좀 되었고
　　쉽게 부풀려서는 안 되는 것이 삶이란 것도 알았으니
　　이런 나를 누가 어리다, 철없다고 할까?

　　입구 등을 교체한 마트는 밤에도 밝아서
　　얼굴만큼 커진 자두 향기 풍선들이

그리운 그걸, 부푼 사랑이라고,
곧 터질 죽음이라고 한다네

차 몰고 고향길 달려갈 내일의 계획
내 캄캄한 호주머니에는
그게, 하나둘 모여 쌓여가고
　　　　　—「불고 싶다. 풍선껌」 일부

내 눈은 어느새
대문 밖으로 첫발을 내딛고
쩌렁쩌렁 골목길을 깨우는
집안 어른의 고함에
어느새 내 머리채는 잡히고 말았다

가야 할까 말아야 할까

번쩍 번뇌를 내려놓는 그 자리
잠시 그친 빗속으로 사람이 되지 못한
여우 한 마리 힐끔힐끔
뒤를 돌아다보며 달아나고
　　　　　—「시집가던 날」 일부

　오 시인의 자의식 속에는 사람에 대한 애증이 생명에 대한 경외감이 더불어 살아야 하는 인생관이 또렷이 자리 잡고 있음을 본다. 하찮은 풍선껌 하나를 가지고 달콤하면서도 쓴맛 같은 우리네 인생사를 여성의 섬세한 시각으로 맛깔스럽게 그려내고 있다. 어쩌면 경험해 보지 않고는 쓸 수 없는 시에다 자신을 적나라하게 씹고 있다.

신을 닮을 수는 있어도 신이 될 수 없는 우리 사람답게 산다는 것이 말처럼 쉬운 일이 아니다. 하지만 오 시인은 자기 자신이 특별한 존재가 아니지만 누구에게나 같은 시각 같은 마음으로 보여지길 원하는 시인임을 시어를 통해 볼 수가 있다.

"여우 한 마리 힐끔힐끔 뒤를 돌아다보며 달아나고" 소재를 다양한 비유로 무장하고 가능한 수식어를 절제하면서 소재의 핵심 부분만 도려낸 신선한 시어가 압권이다. 시가 난해한 것도 문제지만 수다스러운 것도 문제이다. 이 땅에 오직 나만의 시각 나만의 정서 나만의 울림 그게 시에서 요구하는 낯설게 하기요, 차별화된 나만의 시 세계이다.

소설에서 빈자리 읽기라는 말이 있듯이 시에서도 행간과 행간 사이 시인이 남겨둔 시어를 찾아 공감도 하고 시인의 의도를 통해 감동과 깨달음도 얻는 즐거움, 그게 문학이요, 시이다. 시는 작가의 분신이기도 하지만 시인의 품을 떠난 작품은 독자의 몫이기도 하기에 우린 머리로 쓰는 시가 아니라 따스한 가슴으로 쓰는 시인이 되어야 한다.

오 시인의 몇 작품을 가지고 작품 전체의 시상과 작법 및 문향 그리고 시의 세계를 조명한다는 자체가 무리이다. 이타심보다는 이기심이 난무하는 세상에서 순수한 사랑의 시각으로 사물과 대상을 시어로 구체화, 형상화시키는 시인은 새로운 시어를 통해 새로운 창조물을 만드는 위대

한 창조자이다.

시인이 불러줄 때는 돌도 꽃이 되고 시인이 불러줄 때는 죽은 나무에서도 잎이 피는 것이다. 이 한 권의 시집을 쓰기까지 고뇌의 산맥, 그 마음을 안다.

시 한 편에 작가의 사유와 전 생애가 들어가 있다고 해도 과언이 아닌 창조 작업, 한 번쯤 시어를 통해 자화상을 그려 보는 작업이야말로 영혼을 살찌게 하고 보이지 않던 것이 보이는 심안이 열리는 시간이다.

문향은 오래 묵은 씨 간장 같은 것이다. 현재에 만족하지 말고 더욱 정진하여 우리 문단에 우뚝 서는 시인이 되길 기원해 본다.